TRANSLATED BY Adam J. Sorkin
with Irma Giannetti, Angela Jianu,
Mia Nazarie, & Liana Vrăjitoru

Eastern European Poets Series No. 14

Ugly Duckling Presse : Brooklyn, NY

# MARIANA MARIN

# PAPER CHILDREN

Ugly Duckling Presse books are distributed to the trade through SPD/Small
Press Distribution [www.spdbooks.org]. UDP's Eastern European Poets Series
is distributed as part of Zephyr Press by Consortium Book Sales and
Distribution [www.cbsd.com].

*Paper Children* is available to the trade through Consortium as:
ISBN: 0-939010-90-9
ISBN 13: 978-0-939010-90-5


*Library of Congress Cataloging-in-Publication Data:*

Marin, Mariana.
  [Poems. English Selections]
  Paper children / Mariana Marin ; translated by Adam J.
Sorkin ... [et al]. -- 1st ed.
      p. cm. -- (Eastern European poets series ; no. 14)
  Poems in Romanian with English translations.
  ISBN-13: 978-1-933254-17-3 (pbk. : alk. paper)
  ISBN-10: 1-933254-17-3 (pbk. : alk. paper)
  1. Marin, Mariana--Translations into English. I. Sorkin,
Adam J. II. Title.
  PC840.23.A7334A2 2006
  859'.134--dc22

2006027689


98765432 first edition in 2006 by:
        Ugly Duckling Presse
        106 Ferris St. 2nd Fl.
        Brooklyn, NY 11231
www.uglyducklingpresse.org

# Acknowledgments

First, and most importantly, Adam J. Sorkin and Ugly Duckling Presse acknowledge a grant from Institutul Cultural Român / The Romanian Cultural Institute, Bucharest, Romania, in support of the publication of this book. We also appreciate the New York State Council on the Arts for their continued support of the Eastern European Poets Series.

Also, we express grateful thanks to Editura Muzeul Literaturii Române [Romanian Literature Museum Publishing House], Bucharest, and to Alexandru Condeescu, Director of the Romanian Literature Museum, for allowing the use of the original Romanian texts from Mariana Marin's last book, her collected works, *Zestrea de aur (The Dowry of Gold)*, and to technical editor Ecaterina Hristea for providing the files.

Acknowledgments are due to the editors and publishers of the following publications in which a number of these poems previously appeared, sometimes in slightly different versions: *Another Chicago Magazine*, *Apostrof*, *ARA Journal*, *Blue Mesa Review*, *Kalliope: A Journal of Women's Art*, *The Kit-Cat Review*, *The Literary Review*, *Miranda*, *Pennsylvania English*, *The Portsmouth Review*, *Runes*, *Smartish Pace*, *Romanian Civilization*; and the books, *An Anthology of Romanian Women Poets*, ed. Adam J. Sorkin with Kurt W. Treptow (New York: East European Monographs / Columbia University Press, 1994); *Romania and Western Civilization / România și civilizația occidentală*, ed. Kurt W. Treptow (Iași, Romania: The Center for Romanian Studies, 1997); *Day After Night: Twenty Romanian Poets for the Twenty-First Century*, ed. Gabriel Stănescu and Adam J. Sorkin (Norcross, GA: Criterion Publishing, 1999); and *Romanian Poets of the '80s and '90s: A Concise Anthology*, ed. Andrei Bodiu, Romulus Bucur, Georgeta Moarcăs (Pitești, Romania: Paralela 45, 1999).

Adam J. Sorkin expresses appreciation for Penn State University's support of his work on these translations through the College of Liberal Arts Research and Graduate Studies Office, the Office of International Programs, the Commonwealth / University College, the Delaware County Campus, and the Midwest Universities Consortium for International Activities (MUCIA). Also, work on this book was supported in part by grants from the Fulbright Scholar Program, with funding from the United States Information Agency, and from the International Research & Exchanges Board (IREX), with funds provided by the National Endowment for the Humanities and the United States Department of State which administers the Title VIII Program. None of these organizations is responsible for any views expressed.

# CONTENTS

# Preface

I always resented critics applying the qualifying adjective "feminine" to the writing of a "poetess" (a hidden or obvious discrimination, since nobody ever uses "masculine" to define a male poet's writing). I won't make the same mistake (after all, the classification "feminine" has nothing to do with esthetic evaluation) when I praise so many outstanding female poets in Romania. It is not a solidarity based on gender when I talk about women giving birth to great poetry — of which, among them, Mariana Marin is brilliant proof. Nor does her dramatic destiny influence or sharpen my judgment. Just reading her, you sense her power and unmistakable voice.

I never met Mariana in the flesh (having left Romania twenty years ago), but her poetry belongs to one being "skinned" by a genuine (not faked) self-cruelty, as if her pencil (I assume) had a corrosive and phosphorescent point.

How can we depict a person, a personality, imprisoning her (or him) in words, when she (or he) does it with more authority and knowledge? Mariana Marin sees herself with exorbitantly open eyes — not egotistically — just performing on herself a thorough autopsy.

X

It's very difficult to quote specific lines, since her poems don't really allow for any fragmentation. Nevertheless, I can't resist extracting this passage from "Elegy III":

> What madness, you tell yourself too late,
> to survive happily articulating
> the misfortunes of others!
> But the ear of destiny
> digs quietly in this autumn of cotton fluff
> while you find yourself fitting mysteries
> into fiction for the blind …

I'm not a literary critic, but only, hopefully, a relative of Mariana Marin, just as I like to call myself a relative of Emily Dickinson, Marina Tsvetaeva or Sylvia Plath, as well as of some poets she herself invokes: Mandelstam, Celan. But don't we all — similar or dissimilar — belong to the *Pater* (and *Mater*) *familias*: **POETRY**?

— *Nina Cassian*

# Mariana Marin

Silenced for much of the 1980s by the Ceaușescu dictatorship for her uncompromising dissidence, Mariana Marin was widely recognized as one of Romania's most gifted and outspoken poets at the time of her sudden death in March 2003 at the age of forty-seven.

Marin was born in February 1956 in Bucharest, Romania's capital city and literary center. Her parents separated when she was three, and the poet-to-be was brought up by her mother, a weaver in a cooperative, and by her grandmother. An only child, Marin told me in an interview that her initial interest in poetry derived "from solitude — it's simple." She was educated in Bucharest and went on to receive a degree in philology from the University of Bucharest in 1980. Upon graduation, she spent ten years as a grade school teacher, first in the village of Borcea along the Danube, then in Bucharest, and also worked as a librarian before concentrating on her writing. She was married and divorced twice. She had no children.

Her only progeny were the products of her imagination. *Paper Children*, the title of this book, her first collection in English, derives from one of her proud, accusatory poems of thwarted love and renounced happiness. This brief work is as central to Marin's thematics as any other in the volume:

## House of Death

Between us no more than this remains:
just these paper children
we take across the street each morning.
A refusal to continue the species in any other way.
My refusal in times like these
to be yet another house of death.

Marin's first book, *A Hundred Years' War* (*Un război de o sută de ani*), won the Romanian Writers' Union Prize for a debut in poetry in 1981. One of the important books of the decade, it established Marin's reputation among the young poets who emerged in Romania in the early 1980s. The next year, Marin appeared alongside four other '80s writers — Romulus Bucur, Bogdan Ghiu, Ion Bogdan Lefter and Alexandru Mușina — in the collective volume, *Five* (*Cinci*). All were members of the eminent critic Nicolae Manolescu's Monday Poetry Circle. With Manolescu's guidance, these poets formed a self-aware, productive and influential avant-garde. Manolescu wrote an introduction to the volume. The device of a collaborative volume was an absurd communist cultural policy of the early '80s aimed at keeping young poets from displaying creative individuality. It mainly served to intensify the alienation of this generation of writers. Romanian censorship had been growing ever more stringent since the early 1970s; Marin's twelve poems in *Five* represent the mere shadow of another book that she had to withdraw from her publisher.

Marin's second book, *The Secret Annex* (*Aripa secretă*), employed a not uncommon strategy to circumvent censorship. In this slender volume, Marin created a kind of fantastic lyrical diary of, and dialogue with, Anne Frank. She made of Anne Frank's captivity in the secret attic in Amsterdam and her martyrdom at Bergen-Belsen a thinly disguised metaphor for life in contemporary Romania, a vehicle for meanings which could not be acknowledged openly before 1989. After *The Secret Annex*, Marin could not publish again for the rest of the decade.

Soon after the December 1989 revolution overthrew the Socialist Republic of Romania, Marin published a volume in France that had been planned by friends before the fall of the party-state. *At the Crossroads of the Great Trade Routes* (*Au carrefour des grandes routes commerciales*) was translated into French by Sebastian Reichmann. (The poem "Leprosarium" —p.11— is addressed to him.) The same year, Marin's third book in Romanian, *The Studios (Atelierele)*, was published in Bucharest. This 1990 book is the source for almost all the poems in the present volume, to which I also added four works translated from *The Secret Annex*.

One can readily see why many of the poems in *Paper Children* were once suppressed, although I would argue that Marin is not at heart a political poet. She is, however, unmistakably an angry one. Her poems have moments of difficulty, with demanding, at times opaque imagery and knots of syntax. As in the work of other late twentieth-century women poets in Romania, Marin's poetry shows little tendency towards verbal wit and linguistic play. Rather, it is solemnly expressionistic in its mood of stoic resignation and attitude of moral condemnation as she perceives, and judges, the world through what she termed "the machinery of my sickened glance." Her imagination is engaged by the brutish, the ridiculous, the tragic, the macabre, rather than, say, by songs of love or erotic celebrations. Her somber poems have more the character of grave elegies, reflective meditations on the demise of the possibility of individual integrity, the denial of meaningful interpersonal connection. The landscape of Marin's poetical universe is one of ideals mocked and mortality embraced, with the latter, as suggested by the feminine gender of the word *death* (*moarte*) in the Romanian language, sometimes conceptualized as a woman ("Hurry! She's kind today!" a poet exclaims in "Elegy VII"), but at other moments as an ambiguously unwanted male presence, causing love and erotic life to turn cynical and corrupt. "All night long death lay between my breasts," begins one of her most harrowing poems of love — that is, love lost and irretrievable ("Elegy XII").

In Marin, elegies do not mourn, let alone console, as much as condemn and castigate, the poet imagining the world with an almost frozen feeling, a kind of anti-Romanticism. The terrain is a symbolic urban deathscape, psychologically constricted, visceral and chilling. In such a world, the distorted and carnivalesque are triumphant as both mood and fate, whereas softer human qualities seem emptied of relevance.

It was not until 1999 that Marin published her next, long-planned book, *The Mutilation of the Artist as a Young Woman* (*Mutilarea artistului la tinerețe*), which won a number of major literary awards, garnering the poetry prizes of both the Romanian Writers' Union and of its rival, the Association of Professional Writers in Romania — ASPRO. In this book Marin's perspective is more self-consciously feminist, a turn anticipated by earlier references to "the world's great women poets / (Anne Sexton and Else Lasker-Schüler)," and to Gabriela Mistral.

For a number of years after 1990, Marin divided her time between Paris and Bucharest. In Bucharest, starting right after the 1989 revolution, she worked at *Contrapunct*, the independent-spirited literary-cultural journal. For much of the 1990s she called herself a free-lance journalist. Barely making ends meet, she survived with the help of friends and aid from the Writer's Union. She descended into chronic alcoholism and such self-neglect that she developed TB and had to spend a period recovering in a "sanatorium in the mountains" (foreshadowed by "Elegy XI" in this book). Not long afterwards, she was back to her habitual smoking and drinking. Despite her misery and ills, Marin kept writing, though at a slow pace. During the decade, she was awarded a travel grant to Paris and invitations to various European literary festivals. In the fall of 2000, she spent six months in Berlin on a writing fellowship. A year later, she won the Virgil Mazilescu special literary prize, named after a poet who is believed to have been hounded to death in 1984 by the Romanian *Securitate*. And in 2002, she published a career retrospective, *The Dowry of Gold* (*Zestrea de aur*), sponsored by The Romanian Literature Museum Publishing House (Editura Muzeul Literaturii Române, Bucharest), which had also published her previous book. The 320-page volume also contained twenty-one new, previously uncollected poems. It was her final book.

In conclusion, I offer a translation of one of these late poems, another of the many works Marin called "Elegy." Collected in *The Dowry of Gold*, this was the very last in the book.

*Elegy*

I hurry toward death
without a purpose,
without a wedding gown,
without a dowry of gold.
Without myself.
Serene
and bitter,
I hurry across my native land.
As if tomorrow had already been.

Mariana Marin was a born poet, and a true *poète maudit*. Her strong, distinctive voice is a revelation from the dark night of humanity's soul.

— *Adam J. Sorkin*

## *Elegie I*

Nici nu mai știi
de ce îți este atât de greu să trăiești.
Așa cum în evul mediu tulburările minții
erau puse pe seama tulburărilor de stomac,
tot astfel cauți și tu cauza
(biet furuncul crezându-se revoluție)
în ceea ce pe dinăuntru îndesit mănâncă
fără să te poată atinge.

## *Elegy I*

You no longer know
why it's so hard to keep on living.
Just as in the Middle Ages when disturbances of the mind
were assumed to result from disturbances of the stomach,
you are now looking for a cause
(a suppurating boil supposing itself a revolution)
in something that gnaws and gnaws deep inside
without ever managing to reach you.

[A.J.S./M.N.]

*At the Crossroads of the Great Trade Routes*

*Castelul de apă*

Un război de o sută de ani
la întretăierea drumurilor comerciale,
— știam ce m-așteaptă!
Iată-mă deci
rotind ușor mașinăria privirii bolnave
spre întortocheatele sunete
ce îmi desăvârșesc graiul celest.
Să povestesc oare despre inutilitatea rememorării
în cumplita tinerețe de mijloc a faptelor?
Sau (mai bine) despre drumul meu însingurat
prin pâcla albicioasă a elementelor
dintr-o dimineață de iarnă?
Să opresc ficțiunea aici,
pe treptele castelului de apă
dintre cele două războaie
crenelat cu o memorie previzibilă
și duios, aidoma ei?
Sau (mai bine) să pornesc mașinăria privirii
în catacombele contemporane
spre spaima și freamătul celor care mă citesc?
Dar vine ochiul glumeț și mă bate pe umăr:
„Dulceață, aidoma ție s-au mai văzut!"

Mai bine așa,
îngrijindu-mă de însămânțările celeste
din preajma castelului de apă
crenelat și duios
cu toate crimele de pe steaguri …

## The Water Tower

A hundred years' war
at the crossroads of the great trade routes —
I knew all too well what was in store for me!
Here I am,
slowly turning the machinery of my sickened glance
toward the corkscrewing sounds
which will bring my celestial idiom to its close.
Should I tell my tale of memory's futility,
so terribly youthful at the heart of the facts?
Or (even better), of my secluded way
through the milky smog of the elements
one winter morning?
Should I stop fiction in its tracks
on these steps of the water tower
built between the two wars
castellated like a predictable recollection,
and just as sweet?
Or (even better) in contemporary catacombs
set in motion the machinery of my glance
toward the trembling and fright of those who read me?
But the facetious eye comes and taps me on the shoulder:
"Honey, I've seen plenty of others just like you!"

Even better this way,
nurturing the celestial seeding
around the water tower,
castellated and sweet,
every possible crime on its flags …

[A.J.S./M.N.]

## *Săptămâna Patimilor*

Dubioasă fericire și liniște a cărnii
într-o dimineață de odihnă legală;
și, deodată, amintirea rapiței
și a elevului K.: „Dacă au semănat porumb,
      de ce a ieșit atâta rapiță?"
O Săptămână a Patimilor luminată
de o Noapte a Sfântului Bartolomeu
și un fel de păpușă mecanică, rasă în cap,
un fel de gură de câine: „Veniți de la Poarta Albă?"
Astfel poate începe senzația aceea de gol
care anunță venirea ficțiunii.
Ea trece la numai trei pași de casa ta
și tu îi adulmeci prin aer securea mătăsoasă,
vibrația semnelor, carnea care i se desprinde încet.
Elevul K. și gura de câine își pot schimba rolurile
și toate sub ochii tăi
acoperiți de grămezi nesfârșite de rapiță ...
Tu însăți schimbi dubioasa zi de odihnă legală
cu ecoul livresc al Nopții Sfântului Bartolomeu;
tu însăți treci mai târziu
la numai trei pași de casa ta,
adulmecând prin aer o băltoacă mătăsoasă,
prin viața ta,
        gură de câine,
              păpușă mecanică,
                    rasă în cap.

## *Easter Week*

A suspect happiness and tranquility of the flesh
on the morning of a national holiday.
Suddenly, a memory of wild mustard flowers
and the schoolboy K.: "But if they've sown corn,
          why this profusion of yellow flowers?"
This week of Christ's Passion illuminated
by Saint Bartholomew's Eve
and some sort of mechanical doll, its skull shaved,
a dog's mouth: "Have you come from the White Gate?"
In this way it might begin, that feeling of emptiness,
that annunciation of the approach of fiction.
It slips off only three steps past your house
and in the air you sniff its velvet ax blade,
the vibration of signs, its flesh slowly falling away.
The schoolboy K. and the dog's mouth may swap roles
before your very eyes
now buried under a mound of wild mustard flowers ...
You yourself swap this dubious national holiday
for a bookish echo of Saint Bartholomew's Eve;
in turn you slip off,
only three steps past your house,
sniffing in the air a rank velvet puddle
pervading your entire life,
                    you dog's mouth,
                              mechanical puppet,
                                        shaved skull.

[A.J.S./A.J.]

## Leprozeria

Aveai dreptate, Sebastian Reichmann!
Ne trăim scalpul cu aceeași ferocitate
pe care am putea-o bănui în burțile copiilor africani.
Ne despărțim mereu de ceva.
O țesătură ușoară de obsesii,
un vânticel de răsărit cu spahii,
o piatră țâșnind din senin
în trenul care te poartă, te poartă
... și pare de-ajuns:
        Bolile sociale, aidoma bolilor de piele,
        proliferează subtil.
La 1956 nu s-ar putea spune
că Europa nu avea pentru mine
un oarecare mister.
Lupta dintre contrarii
gâfâia pe aproape așteptându-mă,
așteptându-te, vrându-ne vii ...
Dar ce poate fi mai frumos
decât o copilărie tăiată mărunt
care să îmblânzească în timp hrăpăreața memorie!
Ce bine e să stai mai târziu
cu un ghemotoc de hârtie lipit de cerul gurii:
        „Du-te! Du-te!
        Palidă și foarte tristă
        ești prea goală
        pentru veacul eunuc!"

## *Leprosarium*

You were right, Sebastian Reichmann!
We live our lives beneath our scalps with the same ferocity
as we can imagine in the bellies of African children.
And we're always relinquishing something.
A gauzy fabric of obsessions,
a galloping breeze from the east with Turkish spahi,
a stone thrown out of the blue
at the train hurtling down the track, speeding you on and on
… and it seems more than enough:
> Social diseases, similar to skin diseases,
> proliferate subtly.
It can't be denied
that Europe had
a certain mystery for me in 1956.
The struggle of opposites
lurked somewhere nearby, panting, waiting for me,
waiting for you, wanting us alive …
But what could be prettier
than a childhood diced small
that in time would satisfy ravenous memory!
It's such a comfort to carry
a wad of paper stuck to the roof of your mouth:
> "Go! Begone!
> Pale and forlorn,
> you're far too naked
> for this eunuch century!"

Oricum, de la crima de atunci
la cinismul ei de acum,
cărțile morților
au licitat viețile sfinților
și ai învățat să pierzi.

Anyway, from that past crime
to the present cynicism,
the books of the dead
have auctioned off the lives of the saints,
and you learned to do without.

[A.J.S./L.V.]

*Poem de dragoste*

Îmi amintesc de tine
ca de o vegetație pitică
ce-ar putea năpădi la început casa
iar mai târziu țărmul întunecat
al vârstei mele tinere încă.
Așa cum Omul de Zăpadă al lui Andersen
s-a îndrăgostit într-o bună zi
de vâlvătaia unei sobe,
tot astfel caut și eu adevărul
pe care nu mi l-ai spus
atunci când ai hotărât să arunci peste cap
la început pieptenele, apoi aripa de furnică,
iarba fiarelor,

și a devenit această vegetație pitică a singurătății
prin care / eu, Omul de Marmură, Omul de Fier
cum să te mai ajung?

## *Love Poem*

I bring you back to mind
as dwarf vegetation
that began by spreading over the house
and choked the darkened shore
of my early childhood.
Just as, one fine day,
Andersen's Man of Snow fell in love
with the flames in the stove,
so I too seek the truth
you hadn't ever told me about
when you made up your mind to fling behind you
first a comb, then the wing of an ant,
the magical grass of the beasts,

and you became this same dwarf vegetation of
loneliness through which / I, the Man of Marble,
the Man of Iron, how can I get through to you?

[A.J.S./M.N.]

## Plasa de apă

*Când vine Tăcuta și taie lalelelor capul*
*Cine câștigă?*
*Cine pierde?*
*Cine stă la fereastră?*
*Cine-i rostește, cel dintâi, numele?*
—Paul Celan — *Cântec pentru o*
*doamnă în umbră*

Așa cum eu după atâția ani
nu mă pot desprinde de imaginea noastră
(înotător tânăr ieșind din ape
călăuzit de lumina apusului
undeva, pe malul fluviului,
și eu așteptându-te pe țărm,
jucându-ne apoi jocul unei morți surâzătoare
și simplitatea, mai ales simplitatea
acelui salt în mijlocul elementelor)
astfel și tu
ar trebui să mă urăști mai puțin
pentru tot ceea ce nu s-a mai întâmplat
niciodată la fel.
Să-ți mai amintești doar plasa de ierburi și apă
și înotătorii acelui apus
în mijlocul,
în groapa,
în ochiul crăpat o clipă de moartea
la care încă nu se gândeau.

## The Web of Water

*When the silent woman comes and beheads the tulips:*
*Who wins?*
*Who loses?*
*Who stands by the window?*
*Who'll be the first to say her name?*
— Paul Celan, *"Chanson of a Woman*
*in Shadow"*

Just as, years later,
I can't let go of our image
(a young swimmer stepping from the water
to the riverbank
guided by the last glow of sunset,
I waiting for you on the shore,
then our play, the game of grinning death,
and the simplicity, above all the simplicity
of that dive into the heart of the elements),
so you in turn
shouldn't hate me so much
for everything that could never happen
the exact same way again.
Remember only the web of weeds and water,
the swimmers in the heart
of sunset,
in the grave,
in the eye barely opened for an instant by death,
to which as yet they give no thought.

[A.J.S./L.V.]

## Casa morții

Între noi n-au mai rămas
decât acești copii de hârtie
pe care dimineața îi traversăm strada.
Refuzul de-a continua altfel specia.
Refuzul meu de a fi o altă casă a morții
pe astfel de vremuri.

## *House of Death*

Between us no more than this remains:
just these paper children
we take across the street each morning.
A refusal to continue the species in any other way.
My refusal in times like these
to be yet another house of death.

[A.J.S./M.N.]

## *Destin*

Se iubeau,
dar nu pentru că se vedeau rar
— așa cum s-a consemnat mai târziu.
Se iubeau pentru că aveau aceeași frică
și aceeași cruzime.
Făceau lungi plimbări prin cartierele vechi
și își înscenau unul altuia viitorul

/ praf și pulbere,
praf ... /

## Destiny

They were in love,
but not because they saw each other only once in a while —
as was recorded much later.
They were in love because they had the very same fear
and the very same cruelty.
They took long walks in the old parts of town
and they rehearsed one another's future.

/ dust and powder,
dust ... /

[A.J.S.]

## *Mantaua unui poem de dragoste*

Despre ce-aş fi putut vorbi
în zilele acestei veri cu tine?

O manta putrezită pe care poeţii o îmbracă
de atâtea sute de ani,
— aşa îmi par uneori cuvintele la sfârşit de mileniu.
Îmi privesc mama aplecată ameţitor deasupra lucrului de mână
care ne asigură existenţa şi ştiu cât de nemulţumită este de mine.
Ar fi vrut să mă apuc de o meserie practică,
să nu mai vânez himera care se lasă noaptea cu pui cu tot
în bucătăria noastră strâmtă, printre florile-mi de tei;
să nu mai întârzii prin cartier fericită
că am găsit expresie şi epic
în amintirile unui invalid de război uitat pe o scară rulantă;
expresie şi epic pe o stradă pavată cu pietre interbelice,
pătrate, negre, lucioase; într-un lac în care o fată cu păr lung
a aruncat pe la asfinţit un inel de argint
şi-a început o viaţă aproape la fel de lungă când plouă.
Ar vrea să nu mă mai chinuiesc inutil,
să devin o elegantă şi o „ea",
să uit,
să părăsesc felul ăsta de a-mi despica firul vieţii în patru.

Numai că această manta putrezită îmi este atât de largă
încât mă impiedic zilnic de dragă în ea.
Aici îmi cresc mie altfel de aripi secrete,
aici sunt eu pământ bun, iarbă verde, ameţitoare, înaltă,

## The Mantle of a Love Poem

What would I have talked to you about
all through those summer days?

A rotten mantle poets have worn
for many hundreds of years —
this is how words sometimes seem near the millennium's end.
I watch my mother, dizzy over the weaving
that feeds us, and I know how unhappy she is with me.
I wish I could devote myself to a practical trade
and leave off hunting the chimera that each night beds down with her young
in our narrow kitchen, among my linden blossoms;
no longer wander the neighborhood, happy
to have discovered epic and expression
in the reminiscence of a disabled veteran forgotten on an escalator;
epic and expression on a street paved with stones from between the wars,
square, black, shiny; and in a lake where a maiden with flowing tresses
once threw a silver ring at sunset
and began a new life almost as long as the rain.
I wish I could stop tormenting myself in vain
to make myself stylish, a *she*,
to forget,
to cure this habit of splitting the hairs of my life so fine.

But this rotten mantle of mine is so enormous
that, clumsy with love, every day I stumble about.
Here I grow a secret kind of wing,
here I am good earth, tall grass, green and dazzling

pentru a stelelor fiară întunecată
din lumea cealaltă.

Despre ce-aș fi putut vorbi
în zilele acestei veri cu tine?

for the dark beast of the stars
on the other side of the world.

What would I have talked to you about
all through those summer days?

[A.J.S./L.V.]

## *Partida*

Așteptam cu sufletul la gură
desfășurarea evenimentelor:
pionii albi vor învinge hoardele negre,
nebun la b5, turn la c7;
— și atunci vom dansa mazurca,
respirând prin plămânul artificial
lăsat de bătrâni și mâncat de motan.
În vara toridă
așteptam întoarcerea limbii scrise sub pleoape,
— uitată o vreme și îngropată sub talpa casei,
unde amintirea ta scotea fum de pucioasă:
„dormi dormi somnul te duce de pe lume
te spală și te piaptănă și te împarte
copiilor săraci te-am și uitat".
În vara toridă
visam o sinucigașă coridă
pândind desfășurarea evenimentelor
după cortina groasă de fier:
„Atât de multă moarte
pentru atât de puțin trup?
Atât de tânără sub pleoape?
Atât de goală dedesubt?"
... venea un cântec prin fereastra deschisă
și mă trezeam: nebun la c2, turn la b3. Șah.
Dar la urma urmei de ce atâta uitare de sine
în pumnul strâns și colorat
de sângele vânăt și gros?

## *The Chess Match*

We would hold our breath, await
the play of events:
the white pawns will vanquish the black hordes,
bishop to b5, rook to c7.
Then we would dance the mazurka,
breathing through an artificial lung
abandoned by the old men, devoured by the tomcat.
All that torrid summer
we would wait for the return of the language written under the eyelids
forgotten for ages and buried beneath the foundation of the house —
where your memory spewed sulfurous smoke:
"Sleep, sleep, soft sleep. A slumber steals you from this world,
bathes you, combs your hair, and doles you out
to needy children. Oh, already I've forgotten you."
All that torrid summer
I would dream of a suicidal *corrida*,
keeping a sharp eye on the play of events
behind the thick iron curtain:
"So much death
for so small a body?
So young under the eyelids?
So naked underneath?"
… A song drifted in through the open window
and I awoke: bishop to c2, rook to b3. Check.
But in the end, why this fist of self-forgetfulness,
fingers clenched tight,
engorged with purple blood?

La 25 de ani
o conștiință temefiată
pândește metafora.
(Să-i sucim gâtul?!)
Cuvintele sunt scrise sub pleoape,
— carnea fumegă încet.
Purgatoriu, afli.
La 25, între Scylla și Charybda,
bâlbâie-te, auzi;
bâlbâie-te, ți se comandă.
Altfel nu vei stârși niciodată mazurca.
Niciodată nu-l vei ucide pe motan. Mat.

/ La urma urmei nici grecii
fericiți nu puteau spune tot
despre Olimpul de sub pleoape
și despre călcâiul mort /

At twenty-five,
a tumefied conscience
keeps watch over the metaphor.
(Should we wring its neck?)
Words are written under the eyelids —
flesh steams in languid wisps.
Purgatory, it occurs to you.
Just twenty-five, between Scylla and Charybdis:
Stammer! This is what you hear.
Stammer! They command you.
Otherwise you'll never finish the mazurka,
you'll never kill the tomcat. Mate.

/ Yes, in the end, even the Greeks, blessed
by fortune, couldn't explain everything
about the Olympus under the eyelids,
about the fatal heel /

[A.J.S./L.V.]

## *Iluminări*

Ne înțelegem din ce în ce mai bine
în imperiul nostru de frunze uscate
și ne încoronăm pe rând
în cele patru scaune hodorogite
de pe vremea bunicii.
Decât zumzetul puterii
mai bine sudoarea slăbiciunii — spui tu
și pocnesc mugurii desenați pe cana de ceai
(necesitate în sfârșit înțeleasă
a ochilor noștri bolnavi).
În fiecare dimineață
călătorim și noi
de-a lungul și de-a latul terasei.
Decât zumzetul puterii
mai bine sudoarea funiei
— mai aud, mai auzi
din ceea ce am fost,
din ceea ce sigur vom fi,

necesități în sfârșit înțelese
ale viermilor vii.

## *Illuminations*

We understand ourselves more and more fully
in our empire of dry leaves,
and we take turns crowning each other
in the four decrepit chairs
from grandmother's time.
Better than the buzz of power,
the sweat of weakness — you say,
and the teapot's painted buds burst into bloom
(a necessity ultimately understandable
to our sickened eyes).
Each morning
we also cross the terrace,
length and width.
Better than the buzz of power,
the sweat of the rope —
I go on hearing, you go on hearing
what we've been,
what we'll surely become,

necessities ultimately understandable
to living worms.

[A.J.S.]

## Ieșirea din criză

Ce inutilitate, ieșirea din criză!
Ce farsă!
Și să mai cred că mântuirea este șansa.
Nu, iubire.
Vom rămâne toată viața cu viermele ăsta harnic
(un fel de cancer al pielii)
care a început să ne atace intimitatea.
Crezi tu că eu nu văd
cum mă urâțesc de la o zi la alta?
Că fiecare poem poate să fie și ultimul?
Cui ce-i pasă! Să ne întoarcem la accident, spui tu,
la pata de ulei lăsată pe clanța ușii
pe care tocmai ai pocnit-o în trecut.
Așa, fără identitate,
vei fi mult mai aproape de ziua
în care se vor alinia planetele,
ha-ha, mult mai aproape …
Ce inutilitate, ieșirea din criză!
Ce farsă!
Când mă gândesc la marile poete ale lumii
(la Anne Sexton și Else)
vine un sentiment cu zimți
și mă pocnește de nu mă văd:

                                        / „Ce crezi tu,
                                        că noi și tu…" /

… și rămân aici, în S–E,
chicotind în fața atrocității

## Recovering from a Breakdown

How useless, recovering from a breakdown!
Such a farce!
To suppose salvation is our only chance.
No, my love.
We'll be left for the rest of our lives with this ever-toiling worm
(a kind of skin cancer)
which has already begun to burrow into our intimacy.
Do you suppose I don't see
how I grow uglier from one day to the next?
How each poem may be my last?
And no one gives a damn! Let's turn back to the accident, you say,
to that oily stain on the handle of the door
which you've just slammed shut against the past.
Without an identity
you'll come much closer to the day
when the planets align themselves in a row,
ha-ha, much much closer …
How useless, recovering from a breakdown!
Such a farce!
When I think of the world's great women poets
(Anne Sexton and Else Lasker-Schüler)
an emotion with bared teeth surprises me
and knocks me senseless:

> / "What do you suppose,
> that we and you …" /

… And I stay on here, in the S.E.,
giggling in the face of atrocity

cum ele în fața originii nesănătoase
și a fenomenului sinucidere la animalele de rasă.
Ce farsă!
Ce inutilitate, ieșirea din criză!
Atunci nu-ți mai zăresc nici ție chipul.
Te acoperă praful bibliotecilor
și spuma sângelui, verzuie ...

      / În mâini ei poartă capul meu sau pe al tău?
      Pe umeri cine râde? Și gura însângerată
      pe cine-a sărutat? /

O, atât de singuri și pierduți
că ne-am putea schimba trupurile, inima,
și nimeni n-ar observa dacă într-o zi
poemele mele ar fi scrise cu cerneala asta verzuie
pe care o lași în urmă.
Atât de singuri și pierduți,
atât de pierduți,
că ne-am putea schimba între noi moartea,
actul acela natural
înghesuit între coperțile anatomiilor
spre ultima pagină, în 5 sau 10 rânduri ...


... Și uite cum ne întâlnim la ieșirea din criză
pe treptele castelului de apă
cu sensibilitatea jupuită,
cu ultimul cuțit înfipt de ei și înflorind,
pe-a lumii boltă scuipând raze ...
Nu vrei să încercăm metoda clasică Schultz
pentru combaterea insomniei, spui tu.
      „Sunt calm, relaxat.
      O liniște plăcută mă cuprinde.

as some women do in the face of unwholesome origin
and the phenomenon of suicide among thoroughbred animals.
Such a farce!
How useless, recovering from a breakdown!
Now I can no longer glimpse even your face.
You're covered with library dust
with a froth of blood, sort of greenish …
       / Is it my head or yours they're carrying in their hands?
       Who keeps laughing over his shoulder? And the blood-spewing mouth,
       whose lips has it kissed? /
So alone and lost,
we could exchange our bodies, our hearts,
no one would take notice if one day
my poems were written in this greenish ink
that you leave trickling after you.
So alone and lost,
so lost,
we could exchange death between us,
that natural act
crammed between the covers of the anatomies
somewhere near the very last page, in five or ten lines …

And here as we meet upon recovering from this breakdown
on the steps of the water tower,
our sensibilities flayed
with the very last knife they stabbed into our sides and blossoming,
under the vault of heaven spitting gobs of light …
Let's try the classic Shultz method
for combating insomnia, you say.
       "I am calm, relaxed.
       A pleasant peace of mind embraces me.

Pleoapele sunt grele, ca de plumb.
O oboseală plăcută mă cuprinde.
Un somn plăcut mă cuprinde.
Pleoapele sunt grele, ca de plumb.
O liniște plăcută mă cuprinde.
Sunt calm, relaxat."

Ce farsă, inutilitatea!
Ce criză!
Și ce atroce grohăit
când ei ne apropie de stele
/ „pocnind din bici" /
ca să ne mântuim,
pe-a lumii boltă scuipând raze
calmi,
      relaxați,
         calmi,
           relaxați
             calmi,
              relaxați.

My eyelids are heavy, heavy as lead.
A pleasant drowsiness engulfs me.
A pleasant slumber fills me.
My eyelids are heavy, heavy as lead.
A pleasant peace of mind comes over me.
I am calm, relaxed."

Such a farce, uselessness!
Such a breakdown!
And what atrocious grunting
when they send us nearer the stars
                    / "lashing with whips" /
to save ourselves,
under the vault of heaven spitting out gobs of light ...
we're calm,
          relaxed,
                    calm,
                    relaxed,
                              calm,
                                   relaxed.

                              [A.J.S./A.J.]

*Elegii*

## Elegie II

Să suceşti gâtul poemului
când afli că el se scrie şi în afara ta?
Chinuitoare revoltă şi fără obiect.
Nu-ţi fie teamă:
există oricând cineva
(o gură lipicioasă)
care să-ţi şoptească
adevărul zilei de mâine
şi al istoriei dinapoi.

# Elegy II

Do you wring the poem's neck
when you discover it inscribes itself even without you?
An agonized revolt without aim.
Do not fear:
someone will always be around
(some moist sticky mouth)
to whisper in your ear
the truth about tomorrow
and history from way back when.

[A.J.S.]

# *Elegie III*

Ducem o viață dublă.
Aici poemul, visul brutal, lecția despre verb,
rotativa lui mâine și ieri.
Dincolo de fereastră urechea destinului
săpând liniștită în toamna de câlți.
Mai presus de orice
există acest echilibru pântecos.
Ce nebunie, îți spui prea târziu,
să supraviețuiești articulând fericit
nenorocirile altora!
Dar urechea destinului
sapă liniștită în toamna de câlți
în timp ce tu potrivești mistere
în ficțiuni pentru orbi:
Aici, personajul fericit
pe un acoperiș înverzit
îngână magii de sub pleoape.
Dincolo, cineva care te-a părăsit
meșterește la trecutul lui singur.
Într-o parte a minții
se iau la harță vieții și sfinții.
În cealaltă parte a morții
forfotesc și declamă minciunii și sorții.
Apoi nu mai știi: sub pleoape e gheață la mal
iar rotativa lui mâine și ieri
înghite poemul, masa, visul brutal,

# *Elegy III*

We live a double life.
Here, the poem, the brutal dream, the lesson about verbs,
the rotary press of tomorrow and the day before.
Beyond the window, the ear of destiny
digging quietly in this autumn of cotton fluff.
High above everything, there exists
such a full-bellied equilibrium.
What madness, you tell yourself too late,
to survive happily articulating
the misfortunes of others!
But the ear of destiny
digs quietly in this autumn of cotton fluff
while you find yourself fitting mysteries
into fiction for the blind:
Here, the hero, aloof,
happy on a green roof
repeats after the magi under the eyelids.
There, someone who abandoned you
is lonesomely rearranging his own past.
In the mind, in one part of the skull,
rakes and saints battle and quarrel.
In death's reciprocal angle,
liars and seers declaim and bustle.
Then you no longer know anything:
under the eyelids ice clogs the shore
as the rotary press of tomorrow and the day before
swallows the poem, the table, the brutal dream,

lecția despre verb.
Ai mâinile goale și grele.
Aici, albite de spaimă.
Dincolo de fereastră săpând liniștite
în toamna de câlți.

the lesson about verbs.
Your hands are empty and hang heavily down.
Here, blanched with terror.
Beyond the window digging quietly
in this autumn of cotton fluff.

[A.J.S./A.J.]

## Elegie IV

Nici unul din cuvintele care mă înconjoară
nu ți se potrivește.
E atâta blândă cruzime între noi
încât mă trezesc cu vechea mea limbă nepământeană
făcută țăndări în amiaza mare
sau furată de un grup de comando
exilat la periferia alfabetului.
Uneori îmi amintesc cuvintele pictorului nebun
(cel cu Femeia Secolului XX furată de la Luvru
și pusă în Foișorul de Foc să spele
mai multe podele-perdele):
„O singură speranță mai avem: Nici-o scăpare!"
Să fie oare așa?
Să nu existe deci nici-o scăpare
pentru imaginea noastră
închisă în carnea și iubirea din poem?

Dar morții cum de știm vorbi
când ni se-apropie înfășurată
în crudele vocale dintre vii ...

## *Elegy IV*

None of the words crowding around me
suits you.
Between us there's so much well-bred cruelty
that I wake up with my ancient unearthly tongue
crumbled into tiny shards in broad daylight
or stolen by a commando unit
exiled to the far outskirts of the alphabet.
Sometimes I remember the words of the crazed painter
(the one whose Twentieth-Century Woman was swiped from the Louvre
and installed in the Fire Tower to clean it forever
from chamber floor to dresser drawer):
"We have one hope left: No escape!"
Can this really be?
That there's no escape
for our image
locked in flesh, or our love in a poem?

How then can we converse with death
when it closes in on us, darkly veiled
by raw vowels among the living? ...

[A.J.S./M.N.]

## Elegie V

Oboseala, firele de iarbă
și dimineața strecurându-se în ferestre.
Mi-e teamă de tine, aprilie!
Ce să mai am eu împotriva
gândului străin: iubire, moarte, putere …
Fiecare își trăiește felia sa de realitate.
Eu, pe aceea a visului:
„Între zidurile reci din Nord
femeie așteptând să nască.
Uscăciunea gurii și sângele
gospodărind lucid palidul trup."

La intrarea în muncile de primăvară
(să-ți amintești, să-ți amintești)
sânge lucid, uscăciune și vis
în răceala zidurilor.

## *Elegy V*

Exhaustion, green grass blades,
daybreak squeezing in through the windows.
April, I'm afraid of you.
What can I grasp hold of
against the anomalous thought: love, death, power?
Each of us lives our own sliver of reality.
I, that of dream:
"Behind the cold walls of the North
a woman waiting to give birth.
The drought of her mouth and her blood
in clear regulation of her pale body."

When the spring labor starts
(remember, remember),
crystal-clear blood, drought and dream
within the cold of the walls.

[A.J.S./M.N.]

## Elegie VI

E dusă vremea
ce fruntea-mi de copil voia să ardă ...

E dusă liniștea poemului
în care personajul murea fericit
pe paralele aurii,
în care singur visând sub pielea albă visul
își aduna cenușa și-apoi râdea
de suplele anestezii.

Dacă leg un cuvânt de altul
moartea o îndur
dintre un sunet însetat și vagul
ce îmi incendiază mâna.

E dusă carnea suplă din cuvinte
și iar ne vrea
noroiul peste care se întinde.

## *Elegy VI*

Gone is the time
when my child's brow longed to be ablaze …

Gone is the restfulness of the poem
in which the hero died contentedly
on golden parallels,
in which the dream dreaming under its white skin
collects its ashes and mocks
such pliant anesthetics.

If I bind one word to another
I endure death
from a scratchy, indistinct sound
that sets my hand on fire.

Gone from words is the pliant flesh.
The mud it stretches over
wants us back.

[A.J.S./M.N.]

## Elegie VII

Moartea e aici, printre noi,
și azi a întinerit brusc.
Grăbiți-vă! E blândă azi!
— spune o poetă
pe care imperiul necesității
o ține la porțile sale
cu picioarele înghețate
în zăpada ultimei glaciații.
O altă poetă,
din mijlocul imperiului,
îi aruncă pesmeții rămași
de la masa noastră de seară
și perifraze energizante
din timpul inchizitorial
care i-a măcinat și ei gleznele.

Astfel, sărăcia și moartea
cum ne târăsc după ele
în uriașe plase de nervi …
Să ne grăbim!
Sunt blânde azi!

## Elegy VII

Death's right here, among us.
Suddenly she's grown younger.
"Hurry! She's kind today!"
calls out a poet
whom necessity's empire
keeps at its gates,
her feet frozen
in the snows of the last ice age.
Another poet,
from the heart of the empire,
tosses her stale bread crusts,
from our evening meal,
and invigorating circumlocutions
from the time of the inquisition
that chafed her ankles.

And so, poverty and death,
how they drag us after them
in immense nets of nerves ...
Hurry!
They're kind today!

[A.J.S./M.N.]

*Elegie VIII*

Înamorată (desigur) și ascunsă
în noaptea de carbid a sufletelor
râde moartea
„ești frumos cum numa-n vis"
îți spunea ea uneori

și tu te bucuri
tu îi săruți tinere brațele

și-apoi la pieptu-mi
o, tu nu mai știi să râzi

„Morții nu mai au dimineață"
„Morții nu mai au dimineață"

șoptește ea

și tu te bucuri,
tu îi săruți brațele

și-apoi la pieptu-mi,
în noaptea de carbid
e hohotul înamorat
și ascuns

## *Elegy VIII*

In love (of course) and obscured
in the carbide night of souls
death laughs and
sometimes she tells you,
"You're handsome as a dream"

and you feel so glad
you kiss her young arms

then upon my breasts
you no longer know what laughter is

"The dead no longer have mornings,"
she whispers,

"The dead no longer have mornings"

and you feel so glad
you kiss her arms

then upon my breasts
in the carbide night
it's the roar of derision in love
and obscured.

[A.J.S./M.N.]

## Elegie IX

O, vinovăția și spaima
în fața adevărurilor sugrumate!
Cine va depune mărturie
pentru crimele făcute împotriva noastră?
Cuvintele simple de-acum,
înșurubate în singurul trup
pe care îl pot da morții,
vă vor face oare mai buni?
Nu sunt o ființă morală.
Cine trăind ar putea rămâne
curat și integru?
Dar uneori, în nopțile de vară toridă,
când încep să cobor scara evoluției acestei specii,
gândesc și văd cu ochiul din frunte
însingurat și zdrobit.

Se aud atunci cântări și blesteme
într-o limbă în care altădată visam.

# Elegy IX

Oh, the guilt and horror
before so many strangled truths!
Who will testify
about the crimes committed against us?
Today's simple words,
screwed into our only body
which can be given over to death,
will they, I wonder, make us good?
I am not a moral being.
Yet can anyone alive manage to remain
unsullied, maintain integrity?
Sometimes on tropical summer nights
when I climb down the evolutionary ladder of the species,
I see and think with a single eye in my forehead,
isolated and shattered.

Then I seem to hear curses and incantations
in a language in which we used to dream.

[A.J.S./A.J.]

*Elegie X*

Uneori mă gândesc la tine
cu un sentiment pipernicit
care sfâșie fața lumii
în mii de obstacole
pentru alergătorii de garduri.
Uneori am gura iască
și creierul îmi surâde viclean
din Groapa Marianelor
și nu mai vrea bastonada de doi bani
dintre suflet și mai buna organizare a gâlcevii
de dincolo de ușă.
Ah, trăim ca țestoasele!
Pe sub pământ ducem în spate elefanții,
care își duc în spate frații
                  și ei ne pândesc după ușă!
Sărmanul Diodor din Sicilia ce a crezut
când s-a înhămat la arta descrierii istoriei?
(Laurii voia să-i smulgă)
Să facem oare ca el?
și am uita atunci de mâna
care ne sfâșie obrazul
                  înăbușit și fără urme,
                  însângerat și fără glas?

## *Elegy X*

Sometimes I think of you
with a stunted feeling
that shreds the face of the world
into thousands of hurdles
for runners in a race.
Sometimes my mouth is dry tinder
and my brain grins slyly at me
from the Mariana Trench,
and it no longer wants its two-bit cudgeling
between the soul
and a more efficient organization of the brawl
on the other side of the door.
We live like turtles!
Under the earth, we carry elephants upon our backs
who upon their backs carry their brothers,
     and they keep watch on us from behind the door!
Poor Diodorus of Sicily, what did he suppose
when he harnessed himself to the art of describing history?
(What laurels did he wish to snatch?)
Should we follow his lead?
And then do we ignore the hand
that tears off our cheek
        smothered and without trace
        bloody and without voice?

                [A.J.S./M.N.]

# Elegie XI

În sanatoriul din munți
la adăpost hehei! la adăpost,
până când într-o zi (obișnuită, desigur
ca ziua noastră de nuntă)
am văzut cum cineva
îmi sapă în carnea tânără o altă față.
Timid la început. Cu indiferență apoi.
Nimic mai măreț decât spectacolul
unui trup care moare,
părea să-mi spună noul meu chip.
Nimic mai aproape de zei.
Astfel am început să trăiesc
în două chipuri deodată.
Unul însingurat și palid.
Celălalt, pe care îl vedeți,
din care vă pot oferi oricând
mai multe capete, mai mulți ochi.
Iată-mă deci
în sanatoriul din munți
(la adăpost hehei! la adăpost)
din nou la adăpostul acestor iluzii severe,
înghițind cuvintele a două chipuri,
vorbind cu ele și visând nerușinat
și obișnuit desigur,
ca în ziua morții noastre.

# Elegy XI

At a sanatorium in the mountains,
safe, ha! safe,
until one day (an ordinary day, of course,
like the day of our wedding)
I saw someone digging another face
into my young flesh.
With timidity at first. Later with indifference.
"Nothing can be more majestic than the spectacle
of a body engaged in dying,"
my new face seemed to whisper in my ear.
Nothing closer to the gods.
And so I started to live
behind two faces at once:
the first pale and lonely,
the other, the face you see,
on which, at any moment, I can display
many countenances, many eyes.
Look at me, then,
here at a sanatorium in the mountains
(safe, ha! so safe)
again taking refuge in an austere illusion,
swallowing the words of both faces,
talking with them and dreaming shamelessly,
in an ordinary way, of course,
as on the day of our death.

[A.J.S./L.V.]

## *Elegie XII*

Între sânii mei a înnoptat moartea.

Dar între mine și tine (se spune)
va exista întotdeauna o Europă sau o Mare Roșie.
Limba în care gândesc eu cuvântul moarte
nu este și limba în care gândești tu cuvântul iubire.
Ceea ce azi ne desparte (se spune)
ne va despărți și mai mult mâine.
Iată de ce, cu toată întunecimea trecutului nostru
pe care îl desfășurăm acum aidoma
unui pergament din vechiul Egipt,
îți cer să fugim în hăul *ce ni s-a dat.*
Acolo, pistruii și părul tău roșu
vor înțelege desigur și vor iubi
limba sânilor mei

între care va înnopta și atunci moartea.

## *Elegy XII*

All night long death lay between my breasts.

But between you and me (so to speak)
will forever be a Europe or a Red Sea.
The language in which I conceive the word *death*
is not the language in which you conceive the word *love*.
What keeps us apart today (so to speak)
will keep us even farther apart tomorrow.
This is why, for all the darkness of our past
that we are unscrolling
like a papyrus from ancient Egypt,
I invite you to run away with me
into the abyss *that was given unto us*.
Once there, your freckles and your red hair
will surely take the hint
and love the language of my breasts

between which, even then, death will lie all night long.

[A.J.S./A.J.]

## Elegie XIII

M-am lepădat
de creșterea viermilor de mătase
ca de ultima noapte în care voi mai putea privi cerul.
M-am lepădat de amintirea ta
ca de obsesia cea mai iubită:
„eu, într-un oraș de provincie, copilă,
zdrobind mai târziu în dinți călinele proaspete".
O, moarte!
M-am lepădat de dulceața satârului tău
ca de bocetele adulților furioși
în care și acum mai râde
tandrul-mortul de trei zile.

## Elegy XIII

I've renounced
the cultivation of silkworms
as if this were the last night I might gaze at the sky.
I've renounced your memory
as if my most precious obsession:
"In a provincial town, and I, a child,
soon crushing fresh viburnum between my teeth."
O, death!
I've renounced the sweetness of your executioner's blade
as if the shrill wail of furious adults
through which the beloved corpse of three days ago
still keeps laughing, laughing.

[A.J.S./I.G.]

## *Elegie XIV*

Tu nici nu știi:
eu am luat totul de la capăt
așa cum dimineața curăță resturile insomniei
și îți pune pe masă o existență fierbinte.
Eu am avut curajul de-a lucra la rădăcina Răului,
de a deschide acolo atelierele
„celui care vrea să se apropie de sine",
celui care nu vrea să cucerească decât adevărul său,
mica lui istorioară.
Privește-mă!
Sunt puțin urâțită și puțin absurdă.
Râd tot mai rar și vorbesc tot mai puțin
și acum îți întind această mână mult prea târziu.

Auzi și tu viscolul care îți spulberă de pe acum viitorul?

# Elegy XIV

You don't even know:
I've started all over from the beginning
the way morning cleans up insomnia's crumbs
and lays on your table a fiery life.
I had the courage to work at the very root of evil
and exactly there to establish the studios of
"the person who would draw nearer the self,"
who would conquer nothing but truth,
its own paltry tale.
Look at me!
I'm a little uglier and a little more absurd.
I seldom laugh and hardly ever speak.
Much too late I again reach out this hand to you.

And you, do you hear the blizzard already sweeping away our future?

[A.J.S./M.N.]

*Elegie XV*

Credeam că putem fi perfecți.
O, sfânta miopie din ochiul meu întunecat
când se izbește de orbirea ta în fața lucrurilor utile!

Credeam că putem fi perfecți.

# Elegy XV

I thought we could be perfect.
Oh, the saintly myopia of my darkened eye
when it strikes up against your blindness in the face of pragmatic things!

I thought we could be perfect.

[A.J.S./M.N.]

## Elegie XVI

Victorioasă amintirea morților!
*Era* în care tinerețea noastră
trebuia să-și construiască o armură, un viciu,
— simplă metodă de salubritate a spiritului.
Victorioasă vederea îndeaproape a lașității,
a minciunii gâlgâitoare
și prima trădare a prietenului,
— nici măcar pentru pumnul de arginți
ci din teamă și oribilă suficiență.
Victorioasă eu,
la capătul coșmarului,
și „capul în mâini" pe care victorios *El*,
perplexitate a prostiei,
îl va așeza în vârful piramidei de capete.

Victorios măcelul de conștiințe
din care nu am scăpat,
care nu ne-a ascuțit colții.

# Elegy XVI

Triumphal remembrance of the dead!
*Our age* in which youth
has been driven to forge a suit of armor, a vice:
this simple method of cleansing the spirit.
Triumphal tableau of cowardice so near at hand,
of the babble of lies
and the first betrayal of a friend —
for not even a fistful of silver
but for reasons of fear and a hideous self-sufficiency.
Triumphal me,
at the climax of the nightmare
and the "laying on of hands" as triumphal *He* —
the grand bewilderment of the stupid —
crowns a pyramid of heads.

Triumphal slaughterhouse of the conscience
from which we haven't escaped,
on which we never sharpened our fangs.

[A.J.S./I.G.]

# Elegie XVII

Elegiile de la întretăierea drumurilor comerciale, iubire

și viața, lipsită de noroc

Tu spui aici e locul unde pierind
se scrie același vers
hrănindu-se din sine și barbar

Hilară mi se pare azi rătăcirea ta, iubire

Hilară și viața, lipsită de noroc

## *Elegy XVII*

The elegies at the crossroads of the great trade routes, my love

and life itself, bereft of luck

You say, here, here's the place where, dying,
a line of poetry goes on inscribing itself,
feeding upon itself, barbaric

Today, your madness appears hilarious to me, my love

Hilarious, life too, bereft of luck

[A.J.S./I.G.]

## *Elegie XVIII*

La sfârşit rămâne doar spaima
şi acel sentiment de pustietoare siguranţă
— a limitelor
dintre un măr putred şi unul sănătos.
Dacă întind mâna
aş putea avea certitudinea existenţei mele
între fotoliul nichelat şi fereastră.
Dacă îmi biciui conştiinţa
ar putea să iasă şi un lucru bun,
— un pumn de cenuşă aromată şi scânteietoare
care va pleca din nou în lume.

Dar nimeni nu apropie fotoliul nichelat de fereastră.
Ştiu: pământul nu primeşte decât carnea crudă
care nu se va mai întoarce niciodată în lume la fel.

## *Elegy XVIII*

Fear is all that's left at the end,
fear and my devastatingly certain impression
of the line
between a rotten apple and a firm one.
If I reached out
I might grasp the authenticity of my existence
between the chrome-plated chair and the window.
If I scourged my conscience
some good might come of it —
perhaps a fistful of aromatic ashes, fragrant sparks
that once again sail into the world.

But no one drags the chrome-plated chair close to the window.
This I know: the earth receives the bare raw flesh,
and never will it return into the world the same.

[A.J.S./L.V.]

## *Elegie XIX*

Închisoare vie,
cât de puțin semeni tu cu ceea ce se vede!

Dar cum să te poți despărți de păpușa dezastrului
când de atâtea ori i-ai cântat în nopțile ultimilor ani,
de atâtea ori te-a cutremurat atingerea cartonului ceruit.
Rânjetul de bețivă și mătasea ochilor
îți mai stau și azi atârnate de brațe.
Cum să poți spune că nu știi nimic,
că nu-ți amintești nimic
despre împunsătura din inimă,
despre rumegușul jilav al dimineților
când încă erai,
când încă te încăpățânai să fii.
Nimic nu este cu nimic
și nimeni cu nimeni,
noi doar ne adăugăm.
Și tocmai de aceea
cum să te poți despărți de ceea ce ești,
de ceea ce te încăpățânezi să rămâi
și strânsă / cu atâta dragoste și trudă /
în această închisoare vie,
din care, privindu-te,
atât de puțin semeni cu ceea ce se vede.

## *Elegy XIX*

Living prison,
how little you resemble what's plain to see!

But can you separate yourself from the puppet of disaster?
The past few years you often sang to her in the night,
the touch of her waxed cardboard often made you shudder.
That drunkard's smirk and the silk of her eyes
still dangle from your arms.
How can you say you know nothing,
remember nothing
about the needle in the heart,
the damp sawdust of the mornings
when you still existed,
when you stubbornly kept on existing?
Nothing comes of nothing,
no one stands for no one,
we're mere entries inked neatly between ledger lines.
And exactly for that reason,
can you separate yourself from what you are,
what you stubbornly cling to?
Crammed   / with such love, such toil /
in this living prison
where, if I look at you,
so little you resemble what's plain to see.

[A.J.S./I.G.]

## Elegie XX

Câtă frumusețe se poate ascunde
sub cearcănele tale, demnitate?

Iată-mă cum muncesc aici,
în atelierele reci,
cum îmi oblig tinerețea la penitență,
cum refuz să cred că dincolo de ferestre
se naște ceva care nu-mi seamănă.
Și cui aș putea explica
dorința ascunsă
(viermele gânditor)
de a mi se întâmpla lucruri obișnuite?
Uneori îmi imaginez
o imensă piață publică
în care ideile sunt jupuite încet
(pielea lor foșnitoare)
și aprind un rug din carne de om.

Numai atunci mi se întâmplă
să înțeleg gândul
îmbălsămat doar de demnitatea ta, frumusețe.

## *Elegy XX*

How much beauty might be concealed, O dignity,
in the dark circles under your eyes?

Look at me here, minding my business
in the studios of cold.
I force my youth into penitence.
I refuse to believe that outside the window
something may be born with no resemblance to me.
And to whom should I explain
my hidden desire
(the thinking worm)
for ordinary things to happen to me?
Sometimes I imagine
a vast public square
where ideas get flayed in slow motion
(their skin crackles)
while I light a pyre of human flesh.

Only then does it occur to me, O beauty,
that I understand the concept
embalmed in your dignity.

[A.J.S./I.G.]

## *Limba scrisă sub pleoape*

Vremea poemului înalt, amețitor
a trecut.
Gândul negru și sârma ghimpată
vor ține minte doar aceste elegii


și o feroce singurătate,
amețitoare, înaltă ...

## Language Written Under the Eyelids

The age of the sublime, seductive poem
is gone.
Blackest thought and barbed wire
will remember only these elegies

and a ferocious solitude,
seductive, sublime …

[A.J.S./A.J.]

## *Textul care a privit la stânga, apoi la dreapta*

Dar textul acesta
care mi se va usca pe mâini?

„Dictatorul — povestea înfrigurat un prieten —
urmărind într-o bună zi personajele unui scriitor
a ajuns în pustiu
lângă o fântână adâncă, adâncă, adâncă.
Acolo i-a fost dat să întâlnească un înțelept
care avea o barbă albă, albă …
și pe care l-a întrebat:
— N-ai văzut cumva și tu acele umbre
pe care le urmăresc încă de la răsăritul soarelui?
Nu ți-a fost izbită și ție privirea
de scheletele lor răufăcătoare?
Nu le-ai auzit și tu cuvântul viclean
și nu te-a îngrețoșat și pe tine mirosul lor de hoit?
Înțeleptul a privit atunci la stânga, apoi la dreapta
și s-a scurs liniștit în propria sa umbră
aidoma unui text adânc în adânc.”

Dar mâinile acestea
care mi se vor usca pe gât?

## *The Text That Glanced Left, Then Right*

What about this text
that withers in my hands?

"One fine day," a friend related chillingly,
"the Dictator followed a writer's characters
and arrived at a desert
near a deep spring, deep, so very deep.
It came about that there he met a wise man
who had a white beard, so very white …
And he asked the wise man,
'Haven't you, perchance, caught sight of these shadows
I've been following since sunrise?
Hasn't your vision likewise been affronted
by their vile skeletons?
Haven't you also heard their treacherous words,
found yourself nauseated by the stench of their carcasses?'
The wise man glanced left, then right,
and calmly faded without a sound into his own shadow,
just like a text deep into its depths."

What about these hands
that wither around my neck?

[A.J.S.]

## Racul istoric

Floare a morții indiferența noastră.
Ne retragem din lume cu perseverența racului.
Îl lăsăm pe el,
să aibe el dreptatea,
să ne îngroape el în liniștea serii,
să se bucure el de mirosul nostru
când i se deschid călimări
și ni se bat în cuie cuvintele, flori ale morții.

## *The Crab of History*

Death's flower — our indifference.
With perseverance we retreat from the world like the crab.
We permit him
to go on being right,
to bury us in night's silence,
to take his pleasure in our smell
when the ink bottles are uncapped
and our beaten words, death's flowers, are pierced with nails.

[A.J.S.]

*Scrisorile către Emil*

I

Mă gândesc la tine
pierdut prin acele orașe ale Europei
în care eu n-am să ajung niciodată.
Revoluția n-a început nici anul acesta
dar noi continuăm să o așteptăm,
decembriști cu toții
pentru că în acest decembre
ne-a lipsit zăpada
așa cum ne-au lipsit și altele.
Nu mai departe de-aseară
cineva îmi spunea
că de la o vreme îmi lipsește lirismul.
Ce i-aș fi putut răspunde?
Eu sunt o poetă de stânga,
pentru că de la stânga a venit
și sentimentul că sunt sufocată de mizerie;
și necesitatea în sfârșit înțeleasă:
/ putregai al ochilor mei bolnavi, cheamă sângele zorilor! /
Poate că este adevărat
că Europa este cu ochii pe noi.
Dar nici noi n-o uităm prea ușor.
Nu mai departe de acum,
când gunoierii curăță și ei
ce se mai poate curăța,
eu mă gândesc la tine
și ceaiul acesta fierbinte

## *Letters to Emil*

### I

I think of you
lost in those cities of Europe
I'll never be able to get to.
Once again, the revolution didn't start this year
but we continue to wait,
all of us Decembrists,
because this December
we lacked snow
just as we lacked many other things.
Only last night
somebody told me
I've been lacking lyricism for a while now.
What should I have replied?
I am a left-wing poet,
because from the left there came
both my sense of suffocation mired in misery
and a thorough understanding of stark necessity:
/ *mold of my sickened eyes, summon the blood of dawn!* /
Maybe it's true,
Europe keeps its eye on us.
But we don't blithely forget Europe, either.
No longer ago than this moment,
as scavengers pick clean
what's left to pick clean,
I think of you.
This hot tea

pe care îl țin în palme
devine modul meu de a rezista.

Și cum ți-aș putea spune exact
cât îmi este de greu?

## II

Există și disperare și joc
în ceea ce nu-ți spun.
Un fel de cuib de păianjen
la care muncesc din greu,
un fel de molimă medievală.
Mai retrasă și mai ascunsă ca niciodată,
ar trebui să cred că va veni în sfârșit poezia
să locuiască aici,
în vetustele ținuturi
în care se tace, se tace ...
Dacă ai să privești mai bine
ai să vezi cum mai tremură și acum bibliotecile
la amintirea acelor poete foarte subțiri și foarte nervoase
ce invadaseră literaturile pe la începutul secolului.

Dureros ...

Iar eu acum, spre sfârșit,
îmi adun în liniște hârtiile
și distrug orice urmă de fidelitate,
orice urmă despre ceea ce așteptam să mi se întâmple.

I hold between my hands
becomes my mode of resistance.

And how can I possibly tell you
how hard it is?


## II

There is despair as well as playfulness
in what I don't tell you.
A kind of spider's nest
I work diligently to weave,
a kind of medieval plague.
More solitary and more secluded than ever,
I should believe that poetry eventually must arrive
to dwell even here
in these antiquated lands
where people persist in silence, silence ...
If you look closely,
you'll see libraries still shiver
at the memory of the tremulous, rarefied lady poets
who invaded our literature at the beginning of the century.

So painful ...

And now, near its end,
I calmly gather my papers
and destroy any trace of sincerity,
any trace of what I've been waiting for.

De treci, la Marginea Zonei,
poate ai să mă recunoşti
aşa cum ani trecut-au
calm lopătând, dureros ...


## III

Nu-ţi voi putea descrie niciodată
acel moment monstruos:
am avut viziunea propriei mele fiinţe
într-un loc înverzind
de unde vedeam Zidul şi Legea
de care atârnau spânzurate
poemele cu clonţ de rubin.
M-am atins...
Încearcă să-mi stai acum alături
pentru că ceea ce am aflat e înspăimântător.
Tu ştii că eu sunt unul dintre aceia
care au văzut (nu numai visat)
corbii măcelărind o imensă câmpie iarna.
Tu ştii că pot dispreţui
şi pot adora sacul de piele
în care îmi duc până la capăt moartea.

Dar dacă ceea ce am aflat
e faptul că nu voi fi niciodată
un om liber,
ce-ai să te faci cu mine?
Cum mă vei putea mângâia?

If you pass the border of the Zone,
perhaps you'll recognize me
as the years go by,
rowing without hurry, painfully …


### III

I could never describe to you
that monstrous moment:
I had a vision of my inmost self
in a place growing spring green
where I could see the Law and the Wall,
and on them, hanged,
the poems with the ruby beak.
I had to pinch myself …
Try to stand by me now
because what I discovered is terrifying.
You know I am one of those
who saw (not merely dreamed)
ravens butchering an immense wintry field.
You know, too, I scorn
and cherish this sack of skin
inside which to the last breath I carry my death.

But if what I discovered
is the fact I'll never be
free,
what could you do?
How would you comfort me?

IV

Experimentam totul febril.
Totul trebuia să se întâmple — îmi spuneam
și în afara încrederii mele dureroase în poezie
nu mai rămânea niciodată nimic în zațul zilei.
Îți spun, experimentam totul.
Trebuia să descopăr zona aceea fragilă
în care imaginația se desparte de experiență.
Falia eternă în care
(amețitoare, ce limpede)
eram așteptată.
Credeam și eu aidoma acelui personaj
— trăit sau numai imaginat de Rainer Maria Rilke —
că poezia este experiență și mai puțin sentiment?
Știam că memoria mea se însoțește
cu o memorie a lecturii în timpul scrierii.
Iluminarea se face însă de unul singur
și ea nu trebuie confundată cu mântuirea.
Poate de aceea poemul se anunța la început
printr-o nefirească încetinire a respirației
după care se pierdea prin acele orașe ale Europei
în care eu n-am să ajung niciodată.
Iar eu încercam să rezist,
să-i rezist,
cu mâinile chircite într-o dureroasă absență.

Iluminarea nu trebuie confundată cu mântuirea.

IV

In a fever I kept experimenting with everything.
Everything was supposed to happen (so I thought),
and beyond my painful belief in poetry
nothing remained in the dregs of the day.
I tell you, I kept experimenting with everything.
I wanted to discover the ephemeral boundary
where imagination diverges from experience.
The eternal split
(dizzying, dazzling)
where I know I'm expected.
And I, exactly like that character
lived or just imagined by Rainer Maria Rilke —
do I believe that poetry is experience, to a lesser degree emotion?
I know when I write, my own personal memory finds itself fused
with memories from reading.
Yet illumination originates from ourselves alone;
it should not be confused with salvation.
Perhaps this is why poetry heralds its arrival
through an unnatural suspension of the breath,
after which it gets lost in those cities of Europe
I'll never be able to get to.
And I must try to resist,
to resist it,
my hands cupped around bitter absence.

Illumination should not be confused with salvation.

## V

La Meyrling, spui,
în pragul unei sinucideri imperiale,
pe când în Torida de mult nu mai este zăpadă
iar pe zidurile caselor au înverzit scheletele răcoroase
înlănțuite, unul de altul.
Astfel și noi, unul de altul,
ne vom ascunde în curând în gropile
săpate de alții și nu sub zăpezi.
Ne vom strivi acolo sufletul
și creierul nostru frumos
până când nu vom mai fi
(vai, nu vom mai fi)
acele trestii adesea crezute și gânditoare.
La Meyrling, spui,
pe când în Torida eu de mult nu mai sunt
decât jocul acestei himere
ce-mi sapă în ochi destinul de cârtiță.

La Meyrling,
în pragul unei sinucideri imperiale.

În Torida, îți amintesc,
sinuciderea unui creier la marginea imperiului

sub pământul tot mai lucid

când putregaiul ochilor mei bolnavi
e mâncat de porci în sângele zorilor.

V

At Mayerling, you tell me,
on the threshold of an imperial suicide,
whereas in the Torrid Zone there's been no snow for quite some time:
clinging to the house walls, rejuvenated skeletons turn spring green
chained one next to the other.
We, too, one next to the other,
will soon hide in graves
dug by strangers and not under the snow.
There, we must crush our souls
and our beautiful brains
until we are no more
(alas, we'll be no more),
these reeds once thought to think.
At Mayerling, you tell me,
while for a long time in the Torrid Zone I've merely been
the plaything of this chimera
that digs beneath my eyeholes a mole's destiny.

At Mayerling,
on the threshold of an imperial suicide.

In the Torrid Zone, I remind you,
the suicide of a brain on the border of an empire

under the ever more luminous ground

while the mold of my sickened eye
is swilled by pigs in a bloodshot dawn.

[A.J.S./L.V.]

## M.M.

Liniile din palma mea stângă
seamănă uimitor cu cele din palma mea dreaptă.
Nu știu ce înseamnă pentru chiromanți asta.

E ca și cum aș fi venit pe lume în rugăciune.

## *M.M.*

The lines on the palm of my left hand
appear the mirror image of the lines on my right.
I don't know what this would mean to a palm-reader.

It's as though they came into the world in prayer.

[A.J.S.]

## *În primele ore ale dimineții*

Le dăduseră atâta putere
cât să înțeleagă că nu vor mai avea niciodată
(dar asta mult mai târziu). .
Îi cumpăraseră ieftin:
cohorte de mărăcini în jurul gâtului
și drumul presărat cu orez.
La întoarcere
(dar și asta mult prea târziu)
unii aveau ochii scoși
iar alții purtau pietre în jurul picioarelor.

„Lumea pe care noi o repetăm bâlbâind"
„Lumea pe care noi o repetăm ..."

Le dăduseră atâta laț
cât să-și dorească o ghilotină adevărată.
Dimineața,
în primele ore ale dimineții.

## *The Early Hours of the Morning*

They had been given just enough power
to understand they would never have any
(but that was much later).
They had been bought cheap:
clusters of briars around their neck
and the road sprinkled with rice.
Upon their return
(but that too was later, much too late)
some had had their eyes put out
while others wore stones shackled to their ankles.

"This world in which we repeat ourselves stuttering"
"This world in which we repeat …"

They had been given just long enough a chain
to wish for a real guillotine.
In the morning,
the early hours of the morning.

[A.J.S./M.N.]

## Atelierele morții

*Rămâneți încremeniți și uimiți.*
*Închideți ochii și fiți orbi.*
*Ei sunt beți, dar nu de vin:*
*se clatină, dar nu din pricina*
*băuturilor tari!*
*— Vechiul Testament, Isaia (29.9)*

Vor înceta a exista
aceste flori carnivore
care inundă în tinerețea mea
terasele lunilor mai?

Și zodia mea,
dictatoriala mea zodie,
în ceru-i fix
deasupra altor ceruri,
va înceta a exista?

De pe Golgota unei societăți luminate
e greu să privești abisul și să-i mărturisești: „Iartă-mă!"
Sfârtecați de șoapte rău-prevestitoare
și de diverse ipostaze de revoltă
rămânem doar clișeul corului de oi, reverberația măscăriciului,
implantați în ușița secretă a evoluției,
pentru că această traiectorie aberantă
n-a fost prevăzută de magi.

## Death's Studios

*Stupefy yourselves and be in a stupor*
*blind yourselves and be blind!*
*Be drunk, but not with wine;*
*Stagger, but not with strong drink!*
— *Isaiah 29:9*

Will they cease to be,
these carnivorous flowers
now in my youthful days inundating
the terraces in the month of May?

And my constellation,
my dictatorial zodiac sign,
in the fixed sky
above all other skies,
will it too cease to be?

From the Golgotha of an enlightened society
it's so hard to peer down into the abyss
and make confession to it: "Forgive me!"
Torn to pieces by whispers auguring evil
and by disparate hypostases of revolt,
we're left with only a celluloid negative, the platitudes
of a choir of sheep, the reverberating echoes of a buffoon,
implanted in a hidden passageway of evolution
because this aberrant trajectory
went unforeseen by the magi.

Fericit eşti tu, Ariel,
singurătate a mea din gropile de carbid
ale văzului şi auzului?
Atâtea zile în care mi-a fost frică de mine
şi de amintirea sinucigaşei de la 17 ani.
Zile în care râsul lumii nu putea fi oprit:
– Trebuie să-ţi devorezi umbra
cu aceeaşi bestialitate cu care
ea pe tine te apără!
Atâtea zile în care nebunia mi-a dat târcoale,
în care n-am mai avut sentimentele
decât pentru gândacul negru
prins în gropile de carbid.
Apoi sinucigaşa de la 17 ani
îmi adulmeca prin porii iuţi
normalitatea mea infantilă
aceea în numele căreia de atâtea ori am ucis;
apoi genocidul din gropile de carbid
decretat într-un decembrie sticlos
de mintea mea europeană;
genocidul conştiincios şi harnic
în care răul învinge binele şi Ei
se dau de trei ori peste cap
numai pentru a-şi da seama de moartea binelui,
vai, genocidul din zilele în care
râsul lumii nu putea fi oprit.
De pe Golgota unei societăţi luminate,
în ceru-i fix
deasupra altor ceruri,
e greu să-ţi învingi impulsul carnivor, Ariel

Are you happy with it, Ariel,
my isolation amid the holes of the carbide slough
of seeing and hearing?
There were so many days when I felt terror at myself
and at my memory of the suicide of the seventeen-year-old.
Days when the laughter of the world wouldn't be stilled:
"You've got to swallow your own shadow
with the same bestiality with which
in turn it's shielding you!"
So many days when madness circled about me,
when I no longer could feel sympathy
except for the black cockroach
caught in the carbide slough.
Then through my gaping pores, she,
the seventeen-year-old suicide,
would follow the spoor of my infant-like normality
in the name of which I killed so often;
then the genocide of the carbide slough
decreed one glassy December
by my European mind;
a conscientious genocide, a workmanlike genocide
in which the bad overcomes the good and They
turn head over heels in a triple vault,
only to come to the realization that the good is dead,
alas, the genocide of the days when
the laughter of the world wouldn't be stilled.
From the Golgotha of an enlightened society
in the fixed sky
above all other skies,
it's so hard to suppress your carnivorous urges, Ariel,

și să-i mărturisești: „Iartă-mă! Iartă-mă!
Singurătate a mea din gropile de carbid
ale văzului și auzului … Iartă!"
Va înceta a exista
râsul care mă devoră
pe abisalele terase
ale lunilor mai?

*Vai de Ariel! De Ariel!*

El, specie umedă și aburoasă,
va înceta a exista?

*(decembrie 1983, în zilele decretării legii marțiale
în Polonia, cu gândul la condiția artistului în
societățile totalitare)*

and to make confession to them: "Forgive me! Forgive me!
My isolation amid the holes of the carbide slough
of seeing and hearing ... Forgive!"
Will it cease to be,
the laughter now swallowing me
on the terraces of the abyss
in the month of May?

*Woe to Ariel, to Ariel!*

And he, of the watery and fog-fleshed species,
will he cease to be?

[A.J.S./A.J.]

*(December 1983, after the declaration of martial law
in Poland, as a meditation upon the condition of the
artist in totalitarian societies.)*

## *Nachtlied*

Mă gândesc uneori la copacii
pe care Mandelștam își scria poeziile
în ultimii ani de viață.
Oare cum s-au integrat ritmului lor vegetal
după moartea poetului? Ce fel de frunze au dat?
Și scrisul, scrisul acela, cum l-au păstrat
până azi peste iarnă?

## *Nachtlied*

From time to time I remember the trees
on which Mandelstam wrote his poems
the last year of his life.
How did they regain their vegetal rhythm
after the poet's death? What kind of leaves did they grow?
And the writing, that writing, how has it been preserved
through all the winters?

[A.J.S.]

## Poemul despre absență

Zilele și poemele noastre despre absență.
Ne-am construit cu greu utopia.
Ne-am detestat până și codul genetic
în timpul construcției.
Am lucrat cu bisturiul, orgoliul și umilința.
Ne-am apropiat din ce în ce mai mult
de trupul furtunos al luminii
care acum ne zace sub pleoapele înroșite
(singură și foarte absentă).
Dar acum dimineața e alta.
Iar eu, purtând într-o memorie aproape vie,
aproape palpitând de emoție,
semnele altor dimineți înecate de spaimă,
eu înaintez (și parcă în vis)
spre locul cel mai uitat: grădina de trandafir
din paginile altei cărți în construcție.
*Aici* dimineața e alta.
Poate mai adevărată,
mai aproape de sens,
de locul nașterii și al morții.
Poate ultima.
Singură și foarte absentă.

## *Poem About Absence*

Our days and our poems about absence.
We labored hard to found utopia.
Busied in its construction,
we hated even our genetic code.
We worked with scalpel, pride, and humility,
approaching ever closer
to the tempestuous body of light
that still endures under our blood-shot eyelids
(alone, yes, and so very absent).
But now morning is different.
And, in a remembrance nearly alive,
on the verge of trembling with emotion,
burdened with signs of those mornings drowned in terror,
I make my way (as in dream)
to the long-forgotten place: the rose garden
in the pages of another book under construction.
*Here* morning is different.
Probably it's more real,
closer to bodying forth meaning,
to the place of birth and death.
Probably the last.
Alone and so very absent.

[A.J.S./L.V.]

## L'apparition

Va veni într-o zi Marea Temă,
deschizând ferestrele,
se va aşeza la masa noastră,
va bea vinul intact,
ne va cutremura.
Cea mai frumoasă civilizaţie mediteraneană
se va fi aruncat atunci de mult în mare;
iar cele 13 luni ale calendarului etiopian
vor fi incendiat de mult obscuritatea noastră flamandă.
Va veni într-o zi Marea Temă
aidoma unui copil în sidefia placentă
iar noi vom lua drumul mlaştinilor,
vom jubila viziunea unui mâl orizontal (universal)
înghiţind somnul suprarealist care încă ne apără.
Şi insomnia raţiunii naşte monştri,
— va şuiera mâlul.
Şi ceasul mântuitor în care se zvârcoleşte poemul;
şi deşertul proaspăt din cenuşa încă încinsă;
şi voioşia acestor artere deschise
în care şuier eu, mâlul ...
Va veni într-o zi Marea Temă.
Ne va găsi poate recitind câteva pasaje,
din Gabriela Mistral.
În urma ei vântul
va continua
să cutremure
cămaşa ta albă,
unghiile mele încinse,
trandafirii.

# *L'apparition*

One day the Great Theme will come.
It will throw open the windows,
sit at our table,
drink the untasted wine —
then tear us to tatters.
The most beautiful Mediterranean civilization
will have long ago drowned in the sea,
and the thirteen months of the Ethiopian calendar
set ablaze our Flemish gloom.
One day, like a child in its mother-of-pearl placenta,
the Great Theme will come,
and we'll set out for the swamps.
We'll exult in the vision of horizontal (universal) mud
swallowing the surrealist sleep that still shelters us.
The insomnia of reason produces monsters —
soon the mud will start to howl.
And the hour of salvation when the poem writhes every which way;
the desert fresh with fiery ashes;
the gaiety of these open arteries
through which I the mud rush, howling …
One day the Great Theme will come.
Possibly it will find us rereading passages
from Gabriela Mistral.
In its wake the wind
will continue
to tear to tatters
your white shirt,
my fire-bright nails,
their red like roses.

[A.J.S./L.V.]

## Tradiție

O tradiție mă leagă de tine, Anne.
O tradiție sub nivelul mării
ca în acest peisaj olandez ce-mi tulbură acum imaginația.
Lecția de anatomie a lui Rembrandt
înlocuită de lecțiile de anatomie
ale altor prieteni dispăruți în vremuri grele.
Dar și prietenii: înlocuiți de lecturi
până când poc-poc! nervul optic trosnește
prin ungherele morții.
O tradiție neagră pe care Andersen (Nu uita!)
ne-a presărat-o cu orez, gâzișoare,
măcelării pline de soare și danț.
În ciuda tuturor celor care l-au vrut mort
spiritul ne mângâie părul întins sub nivelul mării
și ne trezim din nou împreună, verticale,
asistând la ceea ce Rembrandt n-ar fi pictat
decât după ce poc-poc! nervul optic …

## Tradition

A tradition binds me to you, Anne.
A tradition below sea level
just like this Dutch landscape now stirring my imagination.
Rembrandt's anatomy lesson
replaced by the anatomy lessons
of others, friends missing in these oppressive times.
And the friends too: replaced by reading
until *snap!* the optic nerve severs
somewhere in death's recesses.
A black tradition which Andersen (Don't forget!)
once strewed for us with rice, small beetles,
butcher shops filled with sunlight and dance.
In spite of all who wished it dead,
the spirit caresses our hair spread out below sea level
and so we awaken together again, the vertical ones,
present at something Rembrandt would never have painted
unless *snap!* the optic nerve …

[A.J.S./A.J.]

## La etajul 5

Poezia,
când sub țeastă îți bubuie
singurătatea putrezită a fiecărei dimineți.
La etajul 5 al unui bloc
dintr-un celebru cartier proletar
poezia îți reface instinctul migrator
al păsărilor mici, cenușii.
Câtă iubire
        „Când toate ne pleacă?
        Toate ne lasă?"
(și era o vreme a cireșelor și a iederii)
Ce fel de moarte
în obrăznicia ta iepurească
te-a însoțit în anii din urmă,
o, biată spaimă a țărânei!
Poezia,
când sub țeastă miraculos
te înfrupți din tine însăți.
Și este o vreme a înghețului și a râtului,
a biciului care-ți plesnește obrazul
și a porcilor mici, cenușii.

## *On the Fifth Floor*

Poetry,
when the putrefied loneliness of each morning
thunders inside your skull.
On the fifth floor of a drab apartment building
in a notorious proletarian district,
poetry restores to you the migratory instinct
of small gray birds.
How much love
      "When must everything depart from us?
      Does everything abandon us?"
(yes, time once held cherry trees and ivy).
In your rabbit-like shamelessness
what kind of death
did you make your bedfellow in these recent years?
Oh, poor earthbound terror!
Poetry,
when inside your skull, like a miracle,
you feast on yourself.
There will come a time for frost and for the snout,
a time for the whip that lashes your cheek
and for small gray pigs.

                            [A.J.S./L.V.]

## Atelierele

În ateliere va fi de acum întuneric.
Artistul se va retrage în cotlonul său
năpădit de buruieni și păsări
care și-au abandonat prada după primul lor zbor,
păianjeni gânditori sau nevinovate bacterii,
palpitând pe scara evoluției
și învățând astfel graiul jivinelor înseriate.
De acum se va putea spune orice
despre patima lui pentru orhidee și fluturi.
Și despre rânjetul tâmp
care-i umple fața la mirosul veștilor
strecurate pe sub ușă.
Unii vor continua să susure dulce
căutându-i numele în dicționare.
(Vor fi fiind visătorii?)
Alții îi vor cerceta cu lupa ferestrele
dincolo de care nu se știe ce-a aruncat:
minciuna, moralitatea, retorica, spleen-ul?
(Vor fi fiind desigur contabilii)
Cei mai mulți însă vor uita;
și dacă noaptea în somn
vor fi zguduiți de un râs puternic,
înseamnă că au știut ce să uite.
Aici, în ateliere,
       *între sute de catarge*
       *gânditoare*
vor exista de acum

## The Studios

It will be dark in the studios from now on.
The artist will retreat into his corner
choked with weeds, among birds
that abandoned their prey after their maiden flight,
absentminded spiders, innocent bacteria —
throbbing upon the evolutionary ladder
and learning the dialect of classified beasts.
From now on he will be allowed to say anything
about his passion for orchids and butterflies.
And about the smirk
that wrenches his face at the smell of the news
seeped under the door.
Some will go on murmuring sweetly,
searching for his name in dictionaries.
(Can they be the dreamers?)
Others with magnifying glasses will investigate beneath his windows
through which no one knows what he might have thrown:
a lie, morality, rhetoric, spleen?
(These must surely be accountants.)
Most, however, will forget about him;
and at night if in sleep
they become convulsed by racking laughter,
it means they knew just what to forget.
Here in the studios
     *amidst a myriad of masts*
     *pensive masts*
from now on there will be

un pat, o masă și hârtia
care tocmai îți arde în mâini, onorabile!
Pentru că iată, acum știi și tu: Totul s-a mai întâmplat!

Și scălămbăiala în spatele oglinzilor putrede;
    și problema ferestrei care nu vrea să se deschidă;
      și huruitul;
       și rânjetul ...

O, ceas al tainei asfințit de seară

    Căci orice e poem a fost uitare
    și stingere-n cenușa care l-a aprins

    *Muzica! Muzica!*

a bed, a table, and the paper
which right this instant is burning in your hands, worthy friend!
Because there it is, you know it yourself: Everything has already happened!

And the contortionism on the other side of the festering mirrors;
    and the problem of the window that can't be opened;
        and the clattering;
            and the smirk …

*Oh sacramental hour of the setting sun*

      For whatever is poetry has been oblivion before
      consumed in the ashes that gave it fire.

        *Music! Music!*

                [A.J.S./A.J.]

# The Translators

ADAM J. SORKIN's recent volumes of translation include Magda Cârneci's *Chaosmos*, translated with the poet (White Pine Press), Daniela Crăsnaru's *The Grand Prize and Other Stories*, translated with the author (Northwestern University Press), and Marin Sorescu's *The Bridge*, translated with Lidia Vianu (Bloodaxe Books) – the winner of the Corneliu M. Popescu Prize for European Poetry Translation of The Poetry Society (U.K.). Sorkin has been awarded an NEA Poetry Translation Fellowship and grants from The Academy of American Poets, the Arts Council of England, the Fulbright Program, the Rockefeller Foundation and the Witter Bynner Foundation for Poetry, among others. He is Distinguished Professor of English at Penn State Delaware County.

IRMA GIANNETTI grew up in Cluj-Napoca in Transylvania (to Hungarians, Kolozsvár), speaking both Hungarian and Romanian. She did graduate studies in Comparative Literature at Penn State and now works in university technology support. Her co-translations of Romanian poets with Adam J. Sorkin have appeared in many literary magazines.

ANGELA JIANU was born in Romania and earned a history doctorate from University of York, England. She works as an independent researcher and translator. Her translations include Norman Manea's *Hooligan's Return: A Memoir*.

MIA NAZARIE is a poet and technical and literary translator in Bucharest. Her poems, essays on poetics, and literary translations have appeared in Romanian magazines.

LIANA VRĂJITORU (Andreasen) grew up Iași, Romania, and earned a Ph.D. in English from SUNY Binghamton. She teaches in the English Department at South Texas College, McAllen, Texas. Her collaborative translations of Romanian poets with Adam J. Sorkin have appeared in numerous magazines and anthologies.

Interior *typeslowly* design.

Printed in a first edition of 1,250 copies by McNaughton & Gunn in Michigan, on acid free Glatfelter Natures, 50% post-consumer recycled paper.

Cover designed by Don't Look Now!, printed offset by polyprint & design in Downtown New York City, then letterpressed at the UDP workshop in Red Hook, Brooklyn.

The Eastern European Poets Series from Ugly Duckling Presse has, since 2003, been dedicated to publishing the work of contemporary Eastern European poets in translation, émigré authors who write in English, and influential poets of the Eastern European avant-garde whose work is not widely available in English translation.

This book, and the series as a whole, are made possible in part by our subscribers, individual donations, and by a grant from the New York State Council on the Arts, a state agency.

www.uglyducklingpresse.org/eeps.html

NYSCA
New York State Council on the Arts